रक्षाबंधन

भाई-बहन का प्यार

(साझा काव्य संग्रह)

संपादक
श्रीराम रॉय

सह–संपादक
शाहाना परवीन 'शान'

Title   : Raksha Bhandhan Bhai-Bahan Ka Pyar

Editors   : Shriram Roy, Shahana Parveen 'Shaan'

Edition   : First (December, 2024)

ISBN   : 9789348332936

Published by

 **PRACHI**
DIGITAL PUBLICATION

Regd. Add.: 254, Khuriyakhatta No. 10, Bindukhatta,
Lalkuan, Nainital - 262402, Uttarakhand, India
Website : www.prachidigital.com
E-mail : info@prachidigital.in
Phone : +91 976041 7980, +91 976041 8103

Printed by :

Manipal Technologies Limited, Bengaluru - 560001, Karnataka

संपादक परिचय

नाम	:	श्रीराम राय
पिता का नाम	:	स्व सुरेश प्रसाद राय
जन्मतिथि	:	17/01/1967
शिक्षा	:	M.Sc. Bed., मगध विश्वविद्यालय
व्यवसाय	:	प्रधानाध्यापक
पता	:	श्री कृष्ण नगर,औरंगाबाद,बिहार 824101
सम्मान	:	साक्षरता सम्मान, शून्य निवेश नवाचार सम्मान, कोरोना योद्धा सम्मान , गोल्डन बुक के साथ अनेकों मंचों द्वारा सम्मानित ।
अभिरुचि	:	काव्य सृजन, लेखन,अनुसंधान,शिक्षा में नवाचार,समाज सेवा, पत्रकारिता के साथ ब्लॉग वेबसाइट निर्माण ।
संपादन / प्रकाशन	:	रस के पल, फूलकुमारी, ई ज्ञान,व्यथा, गुरुवर , आओ मतदान करें, ज्ञानी बाबू के साथ विभिन्न पत्र पत्रिकाओं में रचनाओं का प्रकाशन ।
गतिविधियां	:	सैकड़ों ऑनलाइन व ऑफ लाइन कवि सम्मेलन आयोजन , शिक्षाप्रद यूट्यूब चैनल , वेब पोर्टल कवि स्पर्श के साथ अनेकों पटलों का संचालन ।
मोबाइल नंबर	:	9471723852
ईमेल	:	sreramroy@gmail.com

सह-संपादक परिचय

नाम	:	शाहाना परवीन 'शान'
पिता	:	स्वर्गीय श्री यूसुफ अली जी
माता	:	श्रीमती शमीम आरा

प्रकाशित पुस्तकें : कविता संग्रह – लम्हों की खामोशियाँ, मुख्तसर अल्फ़ाज़, लिटिल हार्ट्स, कहानी संग्रह – अपराजिता, द गोल्डन वर्ल्डस, कुछ पन्ने पिता के नाम, जिंदगी मेरे घर आना, क्या तुम्हें प्यार है।

शैक्षिक योग्यता : बी0ए0 (ऑनर्स), एम0ए0 अलीगढ़ मुस्लिम विश्वविद्यालय (एएमयू) अलीगढ़, एन.टी.टी. (नर्सरी टीचर ट्रेनिंग) कोर्स हरियाणा, सह पाठ्यक्रम गतिविधियाँ : एन.एस.एस. (राष्ट्रीय सेवा योजना) एएमयू अलीगढ़।

रूचियाँ : कविता, कहानी, लघु कथा, आलेख लिखना और एंकरिंग करना।

सांझा संग्रह : बाल काव्य, बज़्मे हिंद ऐतिहासिक पुस्तक, स्वरांजलि, कथाद्वीप, आखर कुंज, नव-किरण, नव सृजन, काव्य सृष्टि, हे भारत भूमि, रत्नावली, उन्मुक्त परिंदे, शब्दों के पथिक। लेखिका के लेख, रचनाएँ पत्र पत्रिकाओं व दिल्ली प्रेस में भी प्रकाशित होते रहते हैं।

प्राप्त सम्मान : श्रेष्ठ रचनाकार सम्मान, रत्नावली सम्मान, स्वामी विवेकानंद साहित्य सम्मान, उत्कृष्ट काव्य सृजन सम्मान, मधुशाला गौरव सम्मान, काव्य स्वरांजलि सम्मान, कथा गौरव सम्मान, सावरकर सम्मान, श्रेष्ठ सृजन सम्मान, हरिवंश राय बच्चन सम्मान, सहभागिता सृजन सम्मान, हिंदी साहित्य साधक सम्मान, काव्य सृष्टि साहित्य सम्मान, नव-किरण साहित्य सम्मान, लेखन आगाज सम्मान, काव्य सृजन सम्मान, श्रीमती फूलवती देवी साहित्य सम्मान, उदय कमल विभूषण सम्मान, श्रेष्ठ बाल कवि पुरस्कार सम्मान, साहित्य सम्मान, हिंदी साहित्य सृजन सम्मान, हिंदी साहित्य रत्न, श्रेष्ठ साहित्यकार।

पता : मुज़फ्फरनगर, उत्तर प्रदेश

अनुक्रमणिका

संपादकीय

रक्षा बंधन, वह पावन पर्व है जो न केवल भाई-बहन के स्नेह को प्रकट करता है, बल्कि भारतीय संस्कृति की उस महान परंपरा को भी सजीव रखता है, जहाँ रिश्तों का आदान-प्रदान मात्र औपचारिकता नहीं, बल्कि एक आत्मीयता से भरा वचन होता है। इस पर्व का एक धागा, जो बहन द्वारा भाई की कलाई पर बांधा जाता है, उसमें न जाने कितने रंग, कितनी भावनाएँ और कितने वचन समाहित होते हैं।

कविता, साहित्य का वह अनमोल माध्यम है जो भावनाओं को व्यक्त करने में अपनी गहराई और संवेदनशीलता को सबसे सटीक ढंग से प्रस्तुत करता है। "रक्षा बंधन .. भाई बहन का प्यार" कविता संग्रह इसी भावना का प्रतीक है, जिसमें दर्जनों कवियों ने अपनी रचनाओं के माध्यम से इस पवित्र बंधन को शब्दों में पिरोया है।

विद्वान रचनाकारों ने जिस मनोयोग और समझदारी के साथ इन कविताओं को कलमबद्ध किया है, वह उनकी साहित्यिक दृष्टि और इस पर्व की महत्ता के प्रति उनकी गहरी समझ को प्रकट करता है। उन्होंने न केवल अनमोल शब्दों का चयन किया है, बल्कि उन्हें इस प्रकार प्रस्तुत किया है कि पाठक उन भावनाओं को गहराई से महसूस कर सके, जो हर कविता के शब्दों में छिपी हुई हैं।

यह संग्रह उन सभी पाठकों के लिए एक अमूल्य धरोहर है, जो रक्षा बंधन के इस पवित्र पर्व को महसूस करना चाहते हैं। यह पुस्तक न केवल भाई-बहन के रिश्ते को और मजबूत करेगी, बल्कि उन भावनाओं को भी उजागर करेगी, जो हर साल इस पावन पर्व पर हमारे दिलों में उमड़ती हैं।

कवि स्पर्श साहित्यिक पटल द्वारा प्रकाशित यह कविता संग्रह, न केवल रक्षा बंधन की परंपरा

को सजीव रखने का प्रयास है, बल्कि यह भाई-बहन के अटूट प्रेम की अभिव्यक्ति भी है। आशा है कि यह संग्रह पाठकों के दिलों को छूने में सफल होगा और उन्हें इस पर्व की गहराई से जुड़ी भावनाओं से अवगत कराएगा।

श्रीराम राय
(संपादक)

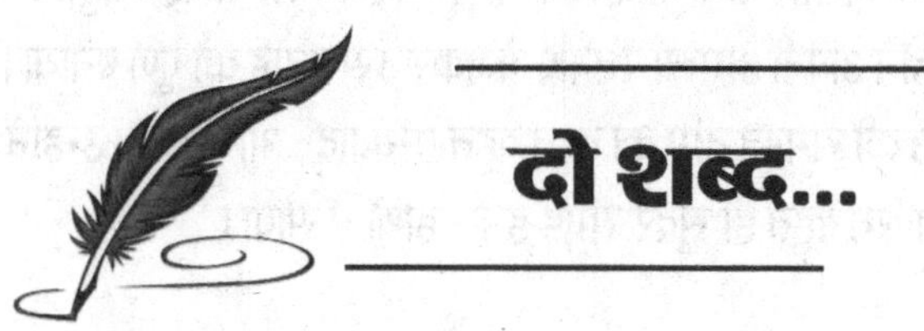

दो शब्द...

रिश्ता ऐसा जो सब रिश्तों में सर्वश्रेष्ठ है।

भाई बहन का स्नेह सब रिश्तों में सर्वश्रेष्ठ है।

एक दूसरे के बिना अधूरे भाई– बहन,

लड़ते–झगड़ते फिर भी दोनों एक हैं।

कवि स्पर्श मंच के संस्थापक आदरणीय श्री श्रीराम राय जी की साहित्य के प्रति रुचि व सभी साहित्यकारों को मंच प्रदान करना साहित्य की बहुत बड़ी सेवा है।

आदरणीय श्रीराम राय जी सदैव ही पटल पर हर विषय पर साहित्यकारों की रचनाएं आमंत्रित कर उनको सम्मान पत्र प्रदान करते हैं जो हम सबका हौंसला व उत्साह बढ़ाते हैं। सबसे अच्छी बात यह है कि यह सब निःशुल्क होता है जो अधिक से अधिक लिखने वालों को इस मंच से जोड़ता है और सभी इस मंच का लाभ उठाते हैं।

भाई– बहन के रिश्ते पर साझा संग्रह प्रकाशित करने का विचार अपने आप में अग्रणी व सबको प्रसन्नता देने वाला है।

इस संग्रह में सभी साहित्यकारों की रचनाएं बहुत सुंदर हैं और सबसे अच्छी बात यह है कि सबकी रचनाएं पढ़कर ऐसा लगता है कि हमारे समाज में, हमारे देश में आज भी भाई–बहन का रिश्ता बहुत अनमोल माना जाता है चाहे संसार कितना भी बदल जाए पर भाई बहन का रिश्ता कभी भी नहीं बदल सकता। त्योहार के रूप में यह सदैव हमारे हृदयों को प्रज्ज्वलित करता रहेगा।

दोनों का प्रेम और समर्पण हमेशा साथ है।

श्रीराम राय जी ने मुझ पर विश्वास करते हुए मुझे इस किताब का दायित्व सौंपकर मुझे धन्य

कर दिया और मेरे लिए यह बहुत महत्वपूर्ण बात है कि मैं एक बेहद सुंदर संग्रह में सह सम्पादक के दौर पर शामिल हूं।

सम्पादक महोदय का और सभी साहित्यकारों का मैं हदयतल से बहुत बहुत धन्यवाद, आभार प्रकट करती हूं जिन्होंने अपनी अमूल्य रचनाएं भेजकर इस संग्रह को पूर्ण बनाया।

प्राची पब्लिकेशन की समस्त टीम का बहुत बहुत धन्यवाद , आभार कि उन्होंने भाई बहन के पवित्र रिश्ते पर आधारित बहुत ही सुंदर संग्रह हमारे हाथों में सौंपा।

धन्यवाद

शाहाना परवीन 'शान'

रक्षाबंधन का दिन आया

रक्षाबंधन का दिन आया
भाई-बहन में खुशियां लाया
तुम नहीं तो कुछ नहीं
अपने घर सन्नाटा छाया ।
यादें तुम्हारी जाती नहीं
यह दिन बहुत रुलाता है ।।
बहन एक बार आ जाओ
भाई तुम्हें बुलाता है ।।

सुनी कलाई देखी न जाती
यादें तेरी रह रह आती
तुमसे सच्चा दोस्त न कोई
सुख-दुख में थी साथ निभाती ।
पलकों से आंसू रुक ना पाते
दिल डूबा डूबा जाता है ।।
बहन एक बार आ जाओ
भाई तुम्हें बुलाता है ।।

श्रीराम रॉय

पूरा चांद (भाई-बहन का स्नेह)

एक भाई के शब्द अपनी बहन के लिए.....

शाहाना परवीन 'शान'

हां है आज पूरा चांद,
क्योंकि मेरी बहन मेरे साथ है।
मेरा स्नेह, मेरा दुलार मेरे साथ है,
देख देखकर जीता हूं इसे,
क्योंकि मेरी बहन मेरे साथ है।
रक्षाबंधन ही नहीं बल्कि
मेरे लिए हर दिन अनमोल है।
अकेला अब मैं बिल्कुल नहीं
मेरी बहन मेरे लिए अनमोल है।
राखी बांधकर मुझे जो एक
मुस्कान देती है।
मेरे जीवन को खुशियों से
हर लम्हा जो भर देती है।
वहीं मेरा अरमान मेरी जीत है।
क्योंकि मेरी बहन मेरे साथ है।।

जिनके पास नहीं बहन
पूछो उनसे उनका हाल।
कितना कष्ट होता है
सूनी कलाई देख देख
कितना दिल तड़पता है।
यह रिश्ता ऐसा जो
सबसे पवित्र होता है
बहन भाई और भाई बहन के लिए

पूरा चांद होता है।।
वो चांद जो बिखेरता रौशनी जगत में
वही चांद भाई बहन के
पवित्र रिश्ते की मिसाल होता है।।
यही चांद भाई बहन का स्नेह होता है
यही चांद भाई बहन का साथ होता है
यही चांद बहन की रक्षा होता है।
यही चांद बहन का सुख होता है।।

रक्षाबंधन

हाट बाजार सजा मौसम ने ली अंगड़ाई है,
महक उठी गली और चौबारा
बनने लगी मिठाई है।
खत्म हुआ बहनों का इंतज़ार,
सजने वाली अब ये सूनी कलाई है।।
दीप जलाकर तिलक लगाकर
प्यार वो लुटाई है।
भाई बनने को तैयार अब बहन की परछाई है।।

परंपरा चली आ रही जो सदियों पुरानी है।
रक्षा सूत्र में बंधी भाई बहन की कहानी है।।
एक धागे की लाज़ बचाने,
कर देते कुर्बान अपनी ये जवानी है।।
जो कर न सका वादा ये पूरा तो आंखों में शर्म और पानी है।।

चंद पैसे को इस धागे को अनमोल ये दिन कर गया,
जागा जब स्वाभिमान एक भाई का तो कौरवों का नाश कर गया।।
अब कलयुगी भाईयों को भी जागना होगा,
दुष्कर्मी को अब इस दुनिया से दूर भागना होगा।।
वादा था ये वादा ये पूरा कर गया।
एक भाई अपनी बहन की रक्षा के लिए लड़ते–लड़ते मर गया।।

रमेश साहू

राखी का त्योहार

आया राखी का त्योहार
लेकर भाई-बहन का प्यार

प्रेम के सूत्र में बांधा है इस पर्व ने,
भाई बहन के पवित्र रिश्ते का जो बंधन है।

भाई बहिन की रक्षा के लिए, प्रतिज्ञा जो लेता है।
चरणों में माथा टेक , माथे में रोली और चंदन है।

बहनों के चरणों में सादर नमन है,
सारी बहनों का आज हार्दिक अभिनंदन है।

डॉ. रामनिवास तिवारी

कौन सा घर

हर रक्षाबंधन पर
बहन, भाई को सिर्फ
इसलिए राखी नहीं बांधती कि
वो भाई से ढेर सारा तोहफा या सिर्फ
एक-दूसरे की सुरक्षा की दुआ करें
बल्कि, वो इसलिए भी बांधती है कि
शादी के बाद, चाहे बीस-पच्चीस साल बाद भी
उसका पति ये कहकर घर से निकाले कि
ये घर तेरे बाप का नहीं
जा, तू निकल मेरे घर से
उस वक्त तेरे घर के दरवाजे
बेधड़क मेरे लिए खुले रहे!
उस वक्त तू ये न कहना
बहना! अभी तू आजा
पर थोड़े दिन बाद अपने
ससुराल चली जाना
अब तो तेरा घर
पति का घर है
अब तुम बस मेहमान हो यहां
दो बातें, गाली यहां तक कि
मां-बाप, भाई-बहन को भी
भला-बुरा कहे, तब भी
पलट कर जवाब न देना,
अपनी भाभी को देखती हो
कितना कुछ सुनने के बाद भी
भाग कर मायके जाती है क्या?

डॉ. शबनम आलम

थोड़ा बर्दाश्त करना होता है !
जरा सोचना भाई!
एक ही घर में हम दोनों पैदा हुए
पले-बढ़े, खुशगवार जिंदगी गुजारे
वो घर मेरा नहीं हुआ तो
तुम कैसे उम्मीद कर लेते हो कि
वो ससुराल मेरा घर हो जाएगा
जहां के एक-एक प्राणी
बिल्कुल अंजाने हैं, पर
तेरी ही दी हुई सीख से
उन सभी अनजाने प्राणियों को
अपना बनाने की भरपूर कोशिश की
यहां तक कि
खुद के अस्तित्व को भी मिटा डाला
पर तब भी उनके लिए पराई ही रह गई
न वो घर अपना हुआ और न वहां के लोग
अब तुम ही बताओ !
हम बहन-बेटियों का
कौन सा घर अपना है ?

राधेश्यामी छंद/मत्त सवैया

सृजन शब्द –राखी

इस राखी के तार जुड़ा है, भाई और बहन का बंधन।
यह राखी बहनों की आशा, पावन जैसे रोली चंदन।।
सबसे सुंदर होता जग में, भाई और बहन का नाता।
इसके आगे नतमस्तक हैं, सारे देव यहाँ पर भ्राता।।

राखी की कीमत वह जाने, जो बहनों पर है बलिहारी।
करता है वह नारी आदर, बनकर जैसे कृष्ण मुरारी।।
राखी बाँध कलाई पर अब, लेती एक वचन है बहना,
हर बाला को मान बहन तुम,भैया गंगा जल सम रहना।।

प्रीति चौधरी "मनोरमा"

राखी का त्यौहार

पावन परम सुहावन भावन , राखी का त्यौहार।
इसमें भाई–बहन का प्यार ।।

डा. राजेश तिवारी

आया सावन मन को भाया ।
रिमझिम बूंद मेघ बरसाया ।।
झूला झूले सखी सहेली , खुशियां बड़ी अपार ।
इसमें भाई बहन का प्यार ।।

श्याम श्वेत मेघा है छाये ।
मोर मयूरी अति हरषाये ।।
नृत्य करें नित आनन्दित हो , हरा भरा संसार ।
इसमें भाई बहन का प्यार ।।

सब रक्षा का वचन निभाना ।
राग मल्हार का गाओ गाना ।।
कजरी सावन गीत मनोहर , होय साज झंकार ।
इसमें भाई–बहन का प्यार ।।

मेहंदी हाथ रच रही गोरी ।
निर्मल मन हृदय की भोरी ।।
मक्खन मेवा मालपुआ संग , मीठा मिले अचार ।
इसमें भाई बहन का प्यार ।।

रक्षाबंधन

रक्षाबंधन का त्योहार है,
भाई-बहन के प्यार का पर्व है।
बहनें अपने भाइयों की कलाई पर,
राखी बांधती हैं और दुआ करती हैं।
भाइयों की सुरक्षा के लिए,
बहनें प्रार्थना करती हैं।
रक्षाबंधन का यह त्योहार,
भाई-बहन के प्यार को बढ़ाता है
रक्षाबंधन का दिन है,
भाई-बहन के प्यार का दिन है।
बहनें अपने भाइयों के लिए,
राखी बांधती हैं और दुआ करती हैं।
भाइयों की सुरक्षा के लिए,
बहनें प्रार्थना करती हैं।
रक्षाबंधन का यह त्योहार,
भाई-बहन के प्यार को बढ़ाता है।
रक्षाबंधन का त्योहार है,
भाई-बहन के प्यार का पर्व है।
बहनें अपने भाइयों की कलाई पर,
राखी बांधती हैं और दुआ करती हैं।
भाइयों की सुरक्षा के लिए,
बहनें प्रार्थना करती हैं।
रक्षाबंधन का यह त्योहार,
भाई-बहन के प्यार को बढ़ाता है।

अमन रंगेला

रक्षा सूत्र

आओ बहिना मेरे घर द्वार आज रक्षाबंधन है।
बांध लो राखड़ी मेरी कलाई आज रक्षाबंधन है।

डॉ. तरुण राय कागा

साल में आता एक बार राखड़ी का पावन पर्व,
बहिन भाई का उमड़े प्यार आज रक्षाबंधन है।

दुनिया में.अनोखा रिश्ता बहिन भाई का राखड़ी पूनम।
देता दिल को दुलार दमदार आज रक्षाबंधन है।

बहिन गूंथ लाती रक्षा सूत्र में अपने सारे अरमान
बांध देती गांठ गरिमा की आज रक्षाबंधन है।

वंदन अभिनंदन करती टीका तिलक चंदन कुमकुम का ललाट,
बधाई शुभकामनाएं देती दिल से,
आज रक्षाबंधन है।

बहिन भाई चाहे देश विदेश दूर निकट हो 'कागा'
प्यार का कोई पैमाना नहीं आज रक्षाबंधन है ।

प्रेम की कच्ची डोरी

मोनिका यादव

प्रेम रूपी ये कच्ची डोरी नहीं
है ये रिश्तो का पक्का बंधन
मोती एहसास के सजा कर
बहना ने इसमें प्यार छुपाया

आओ भैया पहना दूं तुम्हें
प्रेम रुपी ये गहना
अपनत्व का भाव है ये
जिसका नाम है लगाव

बात बात पर लड़ते है हम
बात बात पर हैं हम झगड़ते
पर एक दूजे के हम हैं अपने
एहसासों के ये रिश्ते बड़े हैं

प्रेम रूपी कच्ची डोरी नहीं
है ये रिश्तों का पक्का बंधन
ना मुझे कुछ चाहिए तुमसे भैया
बस दिल से कभी दूर ना करना

इस बहना को दिल के
कोने में बसाए रखना
बस इस दिल की पवित्रता को
दिल के इस रिश्ते को
यूं ही सदा सम्भाल के रखना

ये अपनत्व का बन्धन है
कभी ना टूटे ये कच्ची डोरी
ये भाई बहन के प्यार का बन्धन
सजी रहे सदा यूं ही

भाई बहन की कलाई।
प्रेम रूपी ये कच्ची डोरी नहीं
है ये रिश्तों की पक्की डोरी

भाई-बहन का बंधन

रक्षाबंधन का मनभावन त्यौहार हमारा,
संस्कृति व प्रेम का अद्भुत मेल हमारा ।
राखी का ये धागा सिर्फ धागा नहीं होता,
भाई-बहन के धड़कनों का तार है होता ।
दूर होकर भी एक दूजे के लिए मचलता,
ये खून का रिश्ता रुह में है समा जाता ।
आता है जब राखी का त्यौहार हमारा,
मिलकर बनता, अद्भुत सौहार्द हमारा ।
जीवन भर रक्षा का वचन देता है भाई,
हर परेशानी में साथ निभाता है भाई ।
बहनें भी भाई की सलामती माँगती हैं,
भाई को दिल से दूर नहीं कर पाती हैं ।
जन्म से जुड़ा है ये पावन बंधन हमारा,
सौभाग्य से बना है पवित्र रिश्ता हमारा ।
रूठना, मनाना इस रिश्ते की खूबसूरती,
दूर हो जाते हैं, दस्तूर विदाई की होती ।
मुश्किलों में एक दूजे की ढाल हैं बनते,
भाई-बहन के प्यार की बनी रहे जोड़ी ।
ऐसे ही फलता-फूलता रहे दुलार हमारा,
आख़िरी साँस तक जुड़ा रहे बंधन हमारा ।

नाज़रीन अंसारी 'राफी'

मेरी प्यारी बहना

रिश्ता एक प्यारा, साथी एक प्यारा,

दोस्त से बढ़कर है मेरी प्यारी बहना ।

'मन' की कलाई पर बांधे वो धागा ,

चुन – चुन कर लाती है जमाने की खुशियां ।

मां – बाबा की है वह प्यारी सी बिटिया ।।

हरदम प्यार करू उससे रखू सदा ख्याल,

वो रहे सदा खुश मन का है अरमान ।

छुए आसमान को पाए हर मंजिल को ,

मिले कामयाबी जिंदगी में हर उसको ।

घर आंगन में खुशियां लाना ,

मां बाबा की तमन्ना डोली में बैठना ।

दुल्हन बनाकर बहना को विदा कराना ।।

भोली है ,सयानी है ,प्यारी सी गुड़िया है ।

बड़ी है ,छोटी है ,छोटी से कुछ बड़ी है ।।

रखती है मिलकर वह मेरा ख्याल,

इससे ज्यादा लिखूं मैं क्या ,

करती है मुझे वह बहुत प्यार ।।

डॉ. ज्ञान माथुर 'मन '

शकठ

बड़ा पावन महीना है, खुशी रीत लाई।
बनाती भ्रात हूँ राखी, सजेगी कलाई।।

लगाऊँ माथ पर टीका, खिलाऊँ मिठाई।
बहन कर बॉधती राखी, उतारे बलाई।।

मिले सुख कीर्ति यश भाई, यही हो कमाई।
उतारूँ आरती तेरी, अनुज दूँ बधाई।।

खुशी से भ्रात भौजाई ,रहे आज मॉगा।
सजे ऐसे सदा जोड़ी, लगे नित्य रॉगा।।

अनुज उपहार देता जब, शुभाशीष पाई।
बहन हर्षित हुई बोले , खुशी गीत गाई।।

प्रियंका भूतड़ा प्रिया

रक्षाबंधन / कुंडलियां

सावन लेकर आ गया, राखी का त्यौहार,
घर आँगन में छा गया, भ्रात बहन का प्यार।
भ्रात बहन का प्यार, लिए थाली है आई,
मन में भरकर प्रीत, बहन राखी है लाई।
कह 'पूजा' यह साथ, बड़ा ही निर्मल पावन,
करती पीहर याद, बहन जब आता सावन।

रोली अक्षत हाथ ले, तिलक लगाए माथ,
रक्षाबंधन बाँधती, बहन भ्रात के हाथ।
बहन भ्रात के हाथ, हटाती सभी बलाएं,
खूब जियो हे भ्रात, मांगती यही दुआएं
भाई की मुस्कान, से भरे अपनी झोली,
नही चाह कुछ और, लगाऊं मस्तक रोली।

अनुजा दुबे 'पूजा'

भाई बहन का प्यार

नीरज यादव

भाई बहन का प्यार, आया रक्षाबंधन का त्यौहार ।
बहना बाँधती हैं राखी, भाई देता है उपहार ।।
बहना तिलक करती है भैया के मस्तक पे ।
सोचती है
भैया रोज़ मेरी देहरी पे दस्तक दे ।।
भाई कामना करता है, बहन का रहे हरा भरा संसार ।
बहना बाँधती हैं राखी, भाई देता है उपहार ।।
भाई का फर्ज बनता है कि बहना की रक्षा करें ।
उसकी हर तमन्ना पूरी हर इच्छा करें ।।
बहना होती है संसार में प्यार का अवतार ।
बहना बाँधती हैं राखी, भाई देता है उपहार ।।
ससुराल मे बहना पर जब पड़ती धर्म की चोट है ।
मायके में अपने भैया की लेती हमेशा ओट है ।।
भाई बहन की रक्षा करें, इसीलिए इसे रक्षा सूत्र कहते है ।
जो भाई ऐसा न करते उन्हें कुपुत्र कहते है ।।
नीरज की कामना है कि लक्ष्मीबाई की तरह
बहनों की हो जय – जयकार ।
बहना बाँधती हैं राखी, भाई देता है उपहार ।।
भाई बहन का प्यार, आया रक्षाबंधन का त्यौहार ।।

स्नेह का बंधन

भरोसे और स्नेह का
अटूट बंधन राखी का त्यौहार
श्रावणी पूर्णिमा का दिन
बढ़ता बहन भाई का प्यार
धर्म व जाति के बंधन को
तोड़ता रक्षा सूत्र में बांधता
हुमायूं व कर्मवती की
विशेषता की गाथा बताता
अक्षत और रोली से बहन
करती भाई का अभिनंदन
भारतवर्ष में एक साथ मनाते
त्योहार दिल से करते वंदन
द्रौपदी की लाज बचाई,
सुरक्षा की कृष्ण मुरारी ने
मर्यादा का रक्षा सूत्र बांधा
भाई को बहना प्यारी ने
मुस्काती वसुंधरा को भी
राखी का इंद्रधनुषी रंग भाया
भाइयों ने भी बहनों की रक्षा
करने का संकल्प उठाया
नेह उत्कर्ष की डोर बंधती
एक दूसरे को खिलाते मिठाई
बहन देती दुआएं सुनी ना
हो कभी भाई की कलाई
अप्रीतम अनुपम अलौकिक
अटूट धागों का रक्षाबंधन

कविता नामदेव

रक्षाबंधन त्यौहार

भाई और बहन के पावन,
संबंधों का जो त्यौहार ,
रक्षाबंधन लेकर आता ,
मधुर प्रीत का इक संसार ,

राजेश कुमार सोनार

सावन की पूरनमासी को ,
जब यह पर्व मनाते हैं ,
जाति ,धर्म और सम्प्रदाय,
सब आपस में मिल जाते हैं ,

रिश्ते नातों की दुनिया में ,
भाई और बहन का प्यार ,
स्नेहसूत्र और अपनेपन से ,
परिपूरित राखी त्यौहार ,

बचपन से ही स्नेह बांटना ,
यह रिश्ता सिखलाता है,
इसीलिए भाई बहना का,
प्रीत मधुर हो पाता है ,

दूर भले हो जायें तन से ,
पर मन हरपल पास रहे ,
भाई देगा साथ मुसीबत में ,
ऐसा विश्वास रहे ,

लाख मिले ससुराल मे प्रीत ,

पर पीहर का होता अनमोल ,
बाबुल घर में भैया से जब,
जिद कर बहना कहती बोल,

भाई बहन के प्रेम सूत्र का ,
यह करता विस्तार है ,
आओ इसे मनाये मिलकर ,
यह अद्भुत त्यौहार है ।

रक्षाबंधन त्यौहार

सावन पूर्णिमा को भारतीय
मनाते रक्षाबंधन त्यौहार ।

डॉक्टर शशिकला अवस्थी

भाई- बहन के आत्मीय प्रेम बंधन का,
पावन त्यौहार ।

बहन करें भाई के माथे तिलक,
कलाई में बांधे राखी, रक्षा की, करें मनुहार ।

मुंह मीठा कराए, भाई, बहन की
रक्षा का वादा कर, देवे उपहार ।

खुशियों से झूम उठें माता-पिता
और भाई-बहन, पूरा परिवार ।

सदियों से चली आ रही
पावन परंपरा, जानता है संसार ।

बहन ससुराल से मायके आए राखी पर,
स्वागत में आए बहार ।

पूड़ी -पकवान- मिठाई से रक्षाबंधन को,
हर घर होता गुलजार ।

बहन, ईश्वर से दुआ करती मेरा मायका,
सदा रहे सदाबहार ।

सतयुग में राजा बलि से भगवान विष्णु ने वामन अवतार में
तीनो लोक, तीन पग जमीन दान में मांग कर लिया दान उपहार।

बलि को पाताल लोक जाने को, वर मांगने को कहा और बली ने
विष्णु भगवान को अपना द्वारपाल रहने का, वर मांग कर किया सत्कार।

तब लक्ष्मी ने पाताल लोक में जाकर राजा बलि को
राखी बांधी और अपने पति विष्णु का मांग लिया उपहार।

द्वापर युग में श्री कृष्ण प्रभु को द्रौपदी ने
चीर–रक्षा सूत्र बांधा, पाया सुरक्षा आधार।

भरी सभा में चीर हरण में, श्री कृष्ण ने
लाज बचाकर, दिया रक्षा उपहार।

हुमायूं के हमले में, शेरशाह सूरी को रानी कर्णावती ने
राखी भेजी, मांगी रक्षा मदद, करी गुहार।

शेर शाह सूरी रक्षा सूत्र पाकर, रक्षा करने
बहन रानी कर्णावती के, पहुंच गए महल राज्य द्वार।

भाई बहन के आत्मीय रिश्ते को, रक्षा सूत्र –राखी
रेशम की डोर करती मजबूत, रक्षाबंधन है पावन त्यौहार।

सावन पूर्णिमा को रक्षाबंधन पर्व भाई– बहन के,
आत्मीय रिश्ते का त्यौहार।

रक्षाबंधन भाई बहन का प्यार

लखनलाल माहेश्वरी

रक्षाबंधन भाई बहन का त्यौहार है
भाई बहन के प्यार का त्यौहार है
बहन को भाई का इन्तजार रहता है
भाई बहन से रक्षा सूत्र बंधवाने की चाह है।।

बहन को भाई का प्यार चाहिये
उसे कोई हिस्सा नहीं चाहिये
बहन बस यहीं चाहती है
रक्षाबंधन पर भाई का हाथ चाहिये।।

बहन को लेने की चाह नहीं होती है
बस भाई के प्यार की चाह होती है
उसके घर में सदा खुशी रहे
अपनी याद को सजोये रखे

घर में, मन में प्रेम बना रहे
उस घर में सदा उसका मान रहे
बेटी का घर भी यहीं होता है
सदा घर में मान बना रहे ।।

भाई बहन का अटूट सम्बन्ध होता है
यह तोड़ने से नहीं टूटता है
प्रेम लखन कहे रक्षाबंधन पर
भाई बहन का प्यार सदा बना रहे।

भाई बहन का प्यार

डॉ अरुण कुमार शास्त्री

रक्षाबंधन का दिन है,
बहनों के लिए खास है।
बंधन की यह एक विशेषता है,
जो भाई-बहन के प्रेम को मजबूत बनाती है।

बहन अपने भाई को राखी बांधती है,
और भाई अपनी बहन की रक्षा का वचन देता है।
यह एक प्रेम का बंधन है,
जो दोनों को एक दूसरे से जोड़ता है।

राखी की यह एक विशेषता है,
जो भाई-बहन के प्रेम को बढ़ाती है।
यह एक ऐसा बंधन है,
जो दोनों को एक दूसरे के लिए समर्पित करता है।

बहन अपने भाई के लिए चिंतित रहती है,
और भाई अपनी बहन की रक्षा के लिए तैयार रहता है।
यह एक प्रेम का बंधन है,
जो दोनों को एक दूसरे से जोड़ता है।

आया राखी पर्व है पावन

आया राखी पर्व है पावन
खिला खिला है मन का आंगन।
पूर्णमासी सावन को आता
राखी का यह पर्व है पावन।।
भाई बहन के प्रीत का सावन
आया राखी पर्व है पावन…।।
बहन सजाए मंगल थाली
अक्षत , चंदन, राखी रोली
मन मे कितने सपने सारे
जब आता भाई है द्वारे
सारी बलाएँ दूर हटा के
भाई की आरती उतारे।।
आज लगाती मंगल टीका।
हो उसका हर सपना पूरा।
धागे कच्चे से है बांधे
भाई की लंबी जिंदगानी।
ना मांगे वो धन व दौलत
मांगे बस इक मान का पानी।
आया राखी पर्व है पावन ।
भाई बहन के प्रीत का सावन।
यही कामना आज बहन की ।।
खुशियां हों सबके घर आंगन।
आया राखी पर्व है पावन।।
आया ……।।।।

निहारिका ओम झा

मेरे पेशानी

मेरे पेशानी की परेशानी सारी,
तेरे हाथो के अक्षत से क्षर हुई।
मेरा उद्धम जहां भर का सारा,
तुमने इक कलावे से बांध लिया।
बचपन था तो त्योहार और था,
अब डाक से कितना ही प्यार पहुंचेगा।
वक्त ने जो दूरी है बढ़ाई कम नहीं होने,
अब छोड़ो भी आंखो से कितना प्यार झरेगा।।
और ये आखिरी दिन सावन का,
क्या संताप हरेगा, क्या तय करेगा।
अब छोड़ो भी आंखो से कितना प्यार झरेगा।।

रितेश रंजन (गीतेय...)

रक्षाबंधन

डॉ. शारदा प्रसाद दुबे

लक्ष्मी मां ने बलि को राखी बांधकर,
पूर्ण किया नारायण का वचन ।
श्रावण मास पूर्णिमा का वह दिन था,
कहलाता है वह तो रक्षाबंधन ।
रक्षा सूत्र तिलक अक्षत पुष्प से वह,
करती है अपने प्रिय भाई का पूजन ।
लंबी उम्र हो भाई की बलईया लेती,
सदा सुखी रहे मेरे भाई का जीवन ।

लाख मुसीबतें आए फिर भी भाई को,
नित अनोखी खुशियां मिले हजार ।
भाई की रक्षा के लिए लगाती है ,
बहना त्रिपुरारी से बारंबार गोहार ।
मेरे भ्राता की कलाई कभी सूनी ना रहे,
हर दिन प्रतिदिन बढ़ता रहे मेरा प्यार ।
मेरी बहना नहीं भूलना राखी बांधना,
यही है रक्षा सूत्र का पावन त्यौहार ।

भाई को भी सदा रहता है ,
बहना की राखी का इंतजार ।
मेरी बहना तुझे हर वर्ष देते रहे,
नया-नया राखी का उपहार ।
ओ मेरी प्यारी बहना तेरे आने से,
महकने लगता है बाबुल का घर द्वार ।
भाई-बहन का प्रेम दिखाता है,
सनातन धर्म संस्कृति का सुसंस्कार ।

बचपन की स्मृतियों के बीते पलों का,
मनमोहक मनोहर चित्रहार है राखी ।
हर घर में खुशियों की सौगात का ,
पवित्र पावन प्यार का गुलजार है राखी ।
रक्षा सूत्र चमत्कारी मीठेपन का ,
एक अद्भुत अनुपम एहसास है राखी ।
भाई बहन के शाश्वत प्रेम का ,
परस्पर उम्मीदों का विश्वास है राखी ।

बरसता सावन

मीना जैन

देख बरसता सावन बहिना की आँखें भर आई
रक्षाबंधन पर सूनी होगी मेरे भाईयों की कलाई
दूर से ही करती हूँ भ्रातृ तुम्हारे सुख की कामना
मेरे विश्वबंधु कुशल–मंगल रहे बस यही भावना।

न कभी किसी भी भाई को व्यर्थ में ही सताना
न कभी किसी भी बहन को व्यर्थ में ही रुलाना
तुम न रुकना बन सके तो सहायता करते जाना
सदैव किसी भी दुखी का सहारा तुम बन जाना।

भाइयों के आत्मबल से मिलता बहनों को संबल
बहिनों के आशीष से बढ़ता भाइयों का मनोबल
किसी भी स्थिति में भाई खड़ा हो साथ में अगर
तो बहनें भूल जाती है मुश्किल से मुश्किल डगर।

भाइयों को भी चाहिए बहिनों की ममता की छाँव
बहिनों को चाहिए होती भाई से सुरक्षा की छाँव
कितना मंगलमय पावन धर्ममय पर्व है रक्षाबंधन
जिससे जुड़ा है भाई –बहन के हृदय का स्पंदन।

रक्षाबंधन -भाई-बहन का प्यार

रेखा देवी

सावन के महीने में आने वाला त्यौहार

भाई-बहन का प्यार रक्षाबंधन है त्यौहार

बंधन रक्षा का है जिसमें

दोनो समान है, इसके भागीदार

जिसके जीवन में माता-पिता का साथ छूट जाये ।

तब भाई देखे बहन में माँ की छवि

और बहना ढूंढे भाई में पिता की सी सुरक्षा ।

ये बंधन हर रिश्ते से परे

भाई - बहन सुख-दुःख के साथी

ये राखी रेशम की डोर नही

आजीवन बांधे रहने का वादा है

कोई भाई-बहन का साथ ना छूटे

दुनिया में कोई भाई-बहन से ना रूठे

भगवान का सबसे प्यारा तोहफा होता है भाई

जिसका साथ पाकर बहने इतराई ॥

बहन की हिम्मत और भरोसा होता है भाई भरोसा

बहन भाई के हर नखरे है उठाती

हर कदम पर साथ उसका निभाती

जब बहन विदा होकर चली जाती ।

हर कदम पर याद है उसकी आती

फिर आता है रक्षाबंधन का त्यौहार

जिसका हमेशा बहनों को रहता इन्तजार

रक्षा-बंधन भाई-बहन का त्यौहार

रक्षाबंधन भाई-बहन का प्यार ।।

रक्षाबंधन का त्यौहार

रजत त्यागी

आया रक्षाबंधन का त्यौहार |
लाया प्रेम की है सौगात |
सूनी थी कलाई जो |
आज बंधेगी राखी वो |
भाई बहन का प्यार है |
आया रक्षाबंधन का त्यौहार है |
बहन ने भाई से रक्षा का वादा
माँगा है |
भाई ने रक्षा का वचन अपनी
बहन को दिया है |
बरसो से थी जिस त्यौहार
की ललक |
सूनी कलाई पर बंधेगी आज
रिश्तों की राखी है वो |
राखी की लाज रखना मेरे भाई |
बुरी नजरों से बचाना मेरे भाई |

रक्षाबंधन

रेशमी धागे का डोर यह रिश्ता
जीवन में अनमोल यह रिश्ता
रिश्तों से जीवन चलता है
भाई बहन का स्नेह पलता है
श्रावणी पूर्णिमा का यह त्योहार
झलकता इसमें स्नेह, सद्व्यवहार
भाई सुखी हो, स्वस्थ रहें
देती है बहनें आशीष
चंदन,तिलक, आरती, अक्षत
पारिवारिक दायित्वों का प्रतीक।

पुतुल मिश्रा

रक्षाबंधन

आ गया रक्षाबंधन ।
भाई – बहन का मधुर पर्व ,
आ गया रक्षाबंधन ।।

इस दिन बहना जहां भी रहती ,
भैया के घर आती है ।
सुन्दर थाली में धूप – दीप सजाकर ,
भैया को राखी पहनाती है ।।

बहन मांगती है रक्षा का आशीष ,
भैया बचन निभाता है ।
सुन्दर उपहार दे देकर भैया ,
बहना को खुश कर जाता है ।।

ओंकार सिंह सोनवानी

राखी कहां से लाऊँ

आया रक्षाबंधन भैया ,
राखी कहां से लाऊँ ।
मैं गरीब बहना हूं तेरी
कैसे रसम निभाऊँ ।।
गांव-गांव में बिकती राखी ।
शहर – नगर में मिलती राखी ।।
पर राखी है महँगी कितनी ।
दाम चुका न पाऊं इतनी ।।
हांक-हांक कर बाजारों में ,
ढोल दाम का पीट रहे हैं ।
हम गरीब लोगों को वे सब ,
बेरहमी से पीस रहे हैं ।।
यही नजारा देख आई हूँ ,
मैं क्या तुझे सुनाऊँ ।
मैं गरीब बहना हूँ तेरी ,
कैसे रसम निभाऊँ ।।
छोटी सी रेशम की डोरी ,
हाथ तुम्हारे बांधूंगी ।
रक्षाबंधन पर्व प्रेम का ,
रस्म सदा निभाऊं ।।
रईसों का त्यौहार अलग ,
कैसे मैं समझाऊँ ।
मैं गरीब बहना हूं तेरी,
कैसे रसम निभाऊँ ।।

प्रमोद सोनवानी पुष्प

रक्षाबंधन भाई बहन का प्यार..

ओ पी मेरोठा

पूजता है जिसको सारा संसार
राष्ट्र का है सबसे सुंदर त्यौहार
भाई – बहन और प्रेम का ये त्यौहार
जीवन में लाता खुशियां आनंद अपार

बहन बांधती राखी से भाई का प्यार
मांगती है बहन बस छोटा सा उपहार
रक्षा करो कर्तव्य की ओर रहो तैयार
खुश रहे जीवन में मां,बहन और परिवार

वर्षों की है परंपरा पवित्र राखी का त्योहार
रक्षक है हिंदुओ ये भाई बहन का त्योहार
मान बचयो बहना को बिना बुलाए आयो बीर
पुजावे बाबा मेवाड़ में जय हो म्हारा राम सा पीर

मात पिता के आज्ञा कारी श्रवणजी कुमार
पूजते है लोग जिन्हे मांगते शांति और विचार
घर–घर भोग लगे श्रवण को दूर करें अंधकार
मानवता का सबसे अच्छा राखी का त्यौहार

रक्षाबंधन

राखी धागा पावन मानों।
कीमत गहरी उसकी जानों।।
राखी के हैं रंग निराले।
रंग –रंगों है भाव पाले।।

शीला सिंह बिलासपुर

राखी बाँधे बहना प्यारी।
धागे में है शोभा न्यारी।।
कच्चा सूत सबल गुंधा है।
हृदय में विश्वास बंधा है।।

गंग –नीर मय रंगत घोली।
माथ लगाये टीका रोली।।
धूप –दीप अरु केसर चावल।
हाथ थाल सुन्दर पुष्पावल।।

शुभ कोटिशः भाग है जागे।
श्रद्धा पूरित अनुपम धागे।।
रक्षा करना पग –पग मेरी।
शूल प्रहार छाया घनेरी।।

भाव भेद हर जीव परखना।
पावन दृष्टि सदा ही रखना।।
तुम आशीष असंख्य लेना।
हर बहना को आदर देना।।

रक्षाबंधन में छलके प्यार

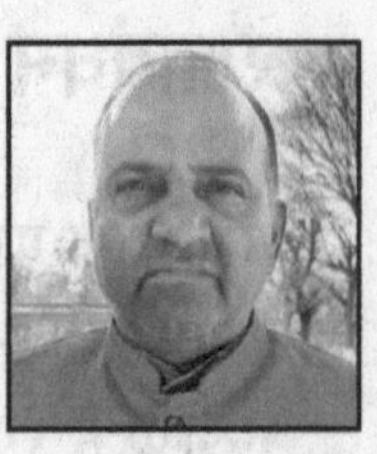

हीरा सिंह कौशल

श्रावण पूर्णिमा की शान रक्षाबंधन का त्योहार।
छलकता में इसमें भाई–बहन का हमेशा प्यार।
विन विष्णु सूना बैकुंठ वलि महल में करे लक्ष्मी बुहार।
समृद्धि महल में खुश बलि भैया दे दिए लक्ष्मी प्यार।।
कृष्ण तर्जनी घायल साड़ी से द्रौपदी बांधे पट्टी श्रृंगार।
दुशासन सभा में उतारे साड़ी कृष्ण दे साड़ी बेशुमार।।
रक्षा सूत्र का अनोखा चलन जिसमें छलके प्यार ही प्यार।
भाई – बहन का दिल बेमिसाल उमड़ता प्यार ही प्यार।।
भाई – बहन का मनमुटाव हो चाहे झगड़े हो बेशुमार।
रेशम डोर जब बंधे कलाई में दिल में फूटे प्यारा ही प्यार।।

तू मेरी राखी है बहना

भाई नहीं मेरे पास तो क्या हुआ?
मेरी बहन ही मेरा भाई है।
रहती हर वक्त साथ मेरे,
मेरी बहन ही मेरी पहचान है।
मेरे हर दुख में मेरे साथ रहती,
ऑंखों में आंसू ना कभी आने देती।
रक्षाबंधन के दिन हम दोनों
एक दूसरे की कलाई पर राखी बांधती हैं,
एक दूसरे को तिलक लगाती हैं और
मिठाई भी खिलाती हैं
हम बहनों की दुनिया सजी है
प्यार और दुलार से,
दोनो बहनों के स्नेह,
माता-पिता के आशीर्वाद से।
कमी महसूस नहीं होती कभी
हमें भाई के प्यार की।
तू मेरी राखी है बहना
मेरी खुशियों और बहार भी।
तुझ से ही आज
एक खास रिश्ता साथ हैं।
रक्षाबंधन का त्योहार
बहनों का भी त्योहार है।
जो बांधता डोर स्नेह की
रहता बहनों के साथ है।।
रक्षाबंधन का पर्व संसार में
एक अनमोल उपहार है।।

तमन्ना, अलीशा

रक्षाबंधन

विरेन्द्र जैन नागपुर

बहन इक भाई के जीवन में रिश्ते कई निभाती है,

बन के साया मां की तरह हर विपदा से बचाती है,

कभी हमराज़ बन उसके राज़ दिल में छिपाती है,

जुगनू बनके अंधेरों में सफ़र आसां बनाती है !!

बहन जब भाई के हाथों में राखी बांधती है तो,

दुआ बस एक ही अपने प्रभू से मांगती है वो,

सलामत हो सदा भैया ना हो कोई कष्ट जीवन में,

बलाएं उसकी लेने खुशियां खुद की वारती है सो !!

तिलक माथे पे कर उसकी जीत की भावना भाती है,

अक्षय सुख समृद्धि के भाव से अक्षत लगाती है,

श्रीफल, कुंकुम, अक्षत, जल, आरती और राखी,

मंगल हो भाई का शुभ द्रव्यों से थाल सजाती है!!

लडकपन की सभी यादें वो बचपन की हर शैतानी,

पहले तोहफा तभी बंधेगी राखी की वो मनमानी,

छूआकर मिठाई पूरी खाने की वो ज़िद करना,

ना मानूं बात इक भी तो बहाना आंखों से पानी!

अग़र हो दूर ये त्यौहार फिर खाली सा रहता है,

प्रेम का इक ही आंसू दोनों की आंखों से बहता है,

बहन की भेजी मौली भी बंधी पूरे साल रहती है,

कि हूं मजबूत सबसे, कच्चा सा धागा ये कहता है !

जिम्मेदारियां पूरी करने में मशगूल हों चाहे,

रहें न दुनिया में तेरी नज़र से दूर हों चाहे,

मना लेना याद करके मुझे हर बार तुम ये दिन,

तुम्हारी थाल में राखी इक मेरे नाम की हों चाहे!!

भाई बहन का प्यार

रेशम की डोरी सा लगता,
भाई बहन का प्यार।

आया राखी का त्यौहार।

अनिल भारद्वाज

दोनों पुष्प एक डाली के,
दो व्यंजन ज्यों इक थाली के।
पावन रिश्ते की सुगंध सा
भाई बहन का प्यार।

आया राखी का त्यौहार।

बहिन प्रार्थना भाई पूजन
इक रोली है दूजा चंदन,
अग्यारी हवन सा लगता,
भाई बहन का प्यार।

आया राखी का त्यौहार।

एक अग्नि दूसरा हवन है,
वर्षा बहन भाई सावन है
सूरज चंदा जैसा लगता,
भाई बहन का प्यार।

आया राखी का त्यौहार।

बहन भक्ति है भाई उर है,
इक मूरत दूजा मंदिर है ।
वेद रिचाओं सा लगता है,
भाई बहन का प्यार ।

आया राखी का त्यौहार ।

इक मधुबन दूजा निधिवन है,
इक देहरी दूजा आंगन है,
रामायण गीता सा लगता,
भाई बहन का प्यार ।

आया राखी का त्यौहार ।

रक्षाबंधन (घनाक्षरी)

भाई बहन का रिश्ता,
भाई उसका फरिश्ता,
पवित्र धागा सजीला,
एहसास भावभीना ।
त्योहार पावन है ।

द्रोपदी ने कृष्ण के,
इंद्र की पत्नी शची ने,
उमा बांधती बाली के,
शकुंतला भरत के,
शिव का सावन है ।

रंग-बिरंगे रेशमी ,
तार है स्नेह से भरी,
भाई की कलाई बंधी,
संकट दूर करती,
रक्षाबंधन पर्व है ।

राखी की इस रीत का,
कथाओं में छुपा सार,
कभी बहन कभी पत्नी,
रिश्तो के ये सब भाव ,
प्रेम एहसास है ।

रेणु अब्बी 'रेणू'

रक्षाबंधन

– सत्य जीत कृष्णा

राखी बंधन प्रेम का, पैसे का नहीं मोल।
प्रेम भाव रखिए हृदय रिश्ता अनमोल।।

राखी धागे से जुड़ा, सब रिश्तों में खास।
बेश कीमती है बड़ा, लाता सदा मिठास।।

कच्चे धागे से बनी, रेशम की यह डोर।।
भाई–बहना साथ में, खुशियां है सब ओर।।

एक ही धागे बंधी, जीवन भर का स्नेह।
बहना के इस प्रेम, में तनिक नहीं संदेह।।

हर रिश्ते का मोल हैं, समझो इसका का अर्थ।
भाई बहन के बिना, रक्षाबंधन व्यर्थ।।

अनमोल खजाना

यह सिर्फ धागे नहीं
एहसास है जन्मो जन्मांतर के
यह सिर्फ रंग बिरंगी राखी नहीं
यह प्यार समेटे है अपनेपन के।
हमको हमारा बचपन याद दिलाती राखी
भाई बहन की खट्टी मीठी
यादों का संसार है राखी।
यादों के एहसासों से
झोली भरकर मुस्काती राखी
भाई बहन के कर्तव्य का
अनमोल खजाना है यह राखी।
सारी खुशियां धागे में लपेटे
बिटिया आई अपने आंगन
भाई के माथे पर तिलक लगाकर
उसकी खुशियां मांगें अपने खुदा से।
दोनों हाथों से दुआएं दीजिए
बहन आई है राखी बांधने
राखी के बदले उसे प्यार सम्मान
और आत्मविश्वास दीजिए।
आंगन महक उठा घर भी चहक उठा
राखी के पवित्र बंधन पर
बहनों से नाता अटूट बंधा
बहाने आई लेकर दुआएं
प्यार समेटे रेशम के धागों में
आगे करो अपनी कलाई
बाबुल की बिटिया राखी लेकर आई।

हरमिंदर कौर

तेरे बिना सूना-सूना

तेरे बिना लगता है सूना सूना
यह घर आंगन संसार
तेरे आने से ही तो बहना
है ये रक्षाबंधन का त्योहार

नोबेल श्रीवास

पापा की लाडली
भाई की जान होती है
सचमुच ऐ नखरे वाली बहनें
भी कितनी नादान होती है

मुस्काती है जब लाडो
संग संग फिजा भी मुस्काती है
वो नन्ही सी गुड़िया देखो कैसे
पल भर में बड़ी हो जाती है

कभी दादी अम्मा सी डांटती
कभी अम्मा सी प्यार जताती
कभी बचाती पापा की डांट से
कभी खुद जोरो की डांट लगवाती

वो नन्ही सी परी एक दिन
आशियाने को छोड़ चली जाती है
जो कल तक गोदी में खेला करती थी
पल भर में कैसे पराई हो जाती है

ऐ रस्म विदाई का बस तुमको

ही क्यों निभाना होता है
नाजुक सी कली को
दो दो घर की लाज बचाना होता है

तेरी आंखों में आंसू आए
तो यह जीवन बेकार हैं
जिस पल तुम मुस्कुरा दे
वही तो रक्षाबंधन का त्यौहार है

भाई बहन का रिश्ता
सिखाता सदाचार है
तेरे होने से ही तो बहना
रक्षाबंधन का त्यौहार है

बीरा

राधा शर्मा

बीरा परिणय में बंधकर तूने
क्यूँ बिसरा दई अपनी भगनी?
क्यूं भूल गया तू
बचपन की बातें और
अपने वे सब वादें।
काग निहारूँ
केंद बाट निहारूँ,
कदै सुन् तेरी पदचाप रे ?
हाथ-माथ तेरे सूनै पड़े रे
रोली-मोली से
मन्नै थाल सजाया रे!
तुझे तो अब याद है बस
परिणीता का बीरा,
परिणय में बँधकर तूने?
बिसरा दई अपनी बहना ।

राखी का त्यौहार

सुखद सुहावन सावन आया, हरा-भरा लगता संसार।
मास पूर्ण होते ही आता, पावन राखी का त्यौहार।।

डॉ. गीता पांडेय अपराजिता

श्याम-श्वेत मेघा हैं छाए, मोर-मयूरी करते नृत्य।
आनंदित होकर वो झूमें, देख हर्ष होता है कृत्य।।
रिमझिम-रिमझिम वर्षा बूँदें, पुरवा पवन करें झंकार।
मास पूर्ण होते----------

राखी में तो अमित प्यार है, बना नहीं इसका है मोल।
जीवन मूल्यों को संचित कर, प्रेम सुधा रस देती घोल।।
भाई देता सदा पर्व पर, बहना को प्यारा उपहार।
मास पूर्ण होते ---------

कच्चे सूत का पक्का बंधन, चंदन रोली सजता भाल।
बहनों से बँधवा कर धागा, हो जाते भाई खुशहाल।।
धन्य भाग्य बहना भी समझे, करे दुवाओं की बौछार।
मास पूर्ण होते----------

बना बहुत प्यारा यह बंधन, सभी बला को देता टाल।
रक्षा सूत्र में बँध करके, भाई होता मालामाल।।
सदैव रक्षा करूँगा बहना, भाई करता है स्वीकार।
मास पूर्ण होते----------

शुभ संयोग निभाता भाई, लेकर रक्षा का संकल्प।
जन्म-जन्म तक साथ रहेगा, कभी न होगा बहना अल्प।।
हर बाला में तुझको देखूँ, बना यही जीवन आधार।
मास पूर्ण होते----------

राखी पूर्णिमा

बहिन के प्रति भाई का प्रेम है
भाई के प्रति बहिन का प्रेम है
दोनों के बीच बढ़ता प्रेम है
बंधन के प्रति यकीन प्रेम है
रक्षा बंधन बढ़िया पर्व श्रीनिवास!

श्रीनिवास यन

कुटुंभ से प्रेम करती है
भाई बहन का प्रेम है
दोनों के बीच रक्त संबंध है
यह याद किया संबंध है
दोनों का प्रेम बेमिसाल है श्रीनिवास!

बिना विपत्ति से देखता भय्या
वचन को निभाता भय्या
सदा कृपा दिखता भय्या
धैर्य और शक्ति देता भय्या
राखी भाई बहिन का पर्व श्रीनिवास!

रक्षाबंधन भाई-बहन का अनुपम एक त्योहार

प्रेम, स्नेह, करुणा, ममता का यह है एक त्योहार।
ये रक्षा बंधन है, भाई-बहनों का प्यारा त्योहार।।

भाई ले बहन की रक्षा, का संकल्प इस त्योहार।
ये रक्षा बंधन है, भैया-बहन का प्यारा त्योहार।।

डॉ. विनय कुमार श्रीवास्तव

बहना टीका करती इसमे, भाई का है त्योहार।
ये रक्षाबंधन है, भाई-बहन का प्यारा त्योहार।।

लगा रोली, चंदन, माथे, आरती कर हो त्योहार।
ये रक्षाबंधन है, भाई-बहनों का एक त्योहार।।

भैया को मिठाई खिलाएं, ऐसा है यह त्योहार।
ये रक्षाबंधन है, भाई-बहन का सुंदर त्योहार।।

बाँधे कलाई में राखी बहन, राखी का त्योहार।
ये रक्षाबंधन है, भाई-बहनों का एक त्योहार।।

भाई, बहन को देता कुछ, उपहार इस त्योहार।
ये रक्षाबंधन है, भाई-बहन का प्यारा त्योहार।।

आशीर्वाद देने-लेने का, सुंदर है एक त्योहार।
ये रक्षाबंधन है, भाई-बहन का एक त्योहार।।

कितना प्यारा है, कितना सुन्दर यह त्योहार?
ये रक्षाबंधन है, भाई-बहन का एक त्योहार।।

कितना अनुपम है, कितना बड़ा यह त्योहार?
ये रक्षाबंधन है, भाई, बहनों का एक त्योहार।।

रक्षाबंधन

सुनील कुमार खुराना

आया प्यारा राखी का त्यौहार

भैया से करूं मैं सदा ही प्यार

पिया संग चलूंगी बाबुल के द्वार

लेके थाली में फूल और चंदन

मैं तो भैया को करूंगी वंदन

भैया से ही बाबुल के घर मेरी भौंर

भैया मेरे नहीं है ये धागा कच्चा

है जन्मों जन्मों का ये प्यार सच्चा

तू ही है बाबुल के घर का आधार

मांगू दुआ रब से रहना तू सदा स्वस्थ

पुकारेगा तू जब मैं रहूंगी सदा साथ

तुझपे कर दूंगी अपनी खुशियां मैं वार

याद आती है बहुत बचपन की वो यादें

तेरा लड़ना और मनाना याद बहुत आवें

तुझसे ही है अब बाबुल के घर मेरी ठौर

भैया की मेरे सदा झोली भरती रहे

घर भैया के खुशियां सदा ही सजती रहे

रब करे खुशियों से जुड़े भैया के तार

तेरा मेरा है अनमोल ये रिश्ता

बाबुल के घर है तू मेरा फरिश्ता

रखेगा लाज मेरी मुझे है सदा एतबार

प्यारी बहना

मेरी प्यारी बहना,
तुम संग हमेशा रहना,
तुम मानती हमेशा मेरा कहना ,
बहना तुम अपने सपने संजोना,
पढ़ लिख कर अपने सपनो को
पूरा है तुमको करना,
मेरी प्यारी बहना,
तुम संग हमेशा रहना,
रेशम का धागा बांधा है
तुमने मेरी कलाई पे,
मैं वचन देता हूं साथ तेरा
हमेशा ही निभाऊंगा,
मेरी प्यारी बहना,
तुम संग हमेशा रहना।
जब कभी भी तुझपे मुसीबतें आयेंगी
तेरा भैया तेरी सारी मुसीबतें हर ले जाएगा,
खुदा से ख्वाहिश है मेरी,
चेहरे पर रहे सदा खुशियां तेरी,
मेरी प्यारी बहना,
तुम संग हमेशा रहना।।

कुनाल कश्यप

भाई बहन का त्योंहार

मोहनलाल भन्साली

सारे जहां से अच्छा,
भाई बहन का त्योंहार हमारा ।
रेशम का मुलायम धागा,
प्यार से बंधा रक्षासूत्र हमारा ।।
सारे जहां से अच्छा,
भाई बहन का त्योंहार हमारा............
भाई चन्दा मामा का,
संपदाओं से भरा नया घर हमारा ।
बहन धरती मां का,
विशाल हृदयंगम चेहरा खिला हमारा ।।
सारे जहां से अच्छा,
भाई बहन का त्योंहार हमारा............
चन्द्र लोक पर शिव-शक्ति,
तोरणद्वार पर तिरंगा लहराता हमारा ।
भू-लोक का दृश्य,
दिखलाता चन्द्रयान-3 प्रज्ञान हमारा ।।
सारे जहां से अच्छा,
भाई बहन का त्योंहार हमारा............
प्यार का बंधन,
सुनी कलाई सजाता रक्षा-बंधन हमारा ।
प्रेम का प्रतीक,
रोजगार प्रदाता रेशम धागा हमारा ।।
सारे जहां से अच्छा,
भाई बहन का त्योंहार हमारा............

रक्षाबंधन

पावन परम सुहावन भावन , राखी का त्यौहार।
इसमें भाई-बहन का प्यार ।।

आया सावन मन को भाया ।
रिमझिम बूंद मेघ बरसाया ।।
झूला झूले सखी सहेली , खुशियां बड़ी अपार ।
इसमें भाई बहन का प्यार ।।

श्याम श्वेत मेघा है छाये ।
मोर मयूरी अति हरषाये ।।
नृत्य करें नित आनन्दित हो , हरा भरा संसार ।
इसमें भाई बहन का प्यार ।।

सब रक्षा का वचन निभाना ।
राग मल्हार का गाओ गाना ।।
कजरी सावन गीत मनोहर , होय साज झंकार ।
इसमें भाई-बहन का प्यार ।।

मेहंदी हाथ रच रही गोरी ।
निर्मल मन हृदय की भोरी ।।
मक्खन मेवा मालपुआ संग , मीठा मिले अचार ।
इसमें भाई बहन का प्यार ।।

राजेश तिवारी 'मक्खन'

रक्षा बंधन

डॉ. रमा शर्मा

भारत भूमि पर्वों की भूमि
विविध त्योहार मनाए जाते।
एक के बाद एक है आता
दृश्य मनोरम हमें दिखाता।

रिश्तों में जो मिठास भरी है
उसको भी त्योहार दर्शाते
पावन रिश्तों की हर कथा
जोश हर्ष उमंग बतलाते।

कभी करवा चौथ, कभी बरगद पूजा,
अहोई अष्टमी मनाते हैं।
ये सब पूजन परिवार के
सुंदर स्नेह बंधन दर्शाते हैं।
भाई और बहन का पावन रिश्ता
मर्यादा में बंधा हुआ।

रक्षा भाई की बहना मांगे
एक सूत्र कलाई पर बांधे।
भाई भी वचन देता ऐसे
जीवन भर बहन की रक्षा को
पीछे नहीं कदम हटाएगा

नहीं मुश्किल आने देगा निकट
संकट से वो टकराएगा।
रक्षा बंधन त्योहार

भैया बहन का प्यार दर्शाता है।
जीवन मिठास से भर देता
एक सुरक्षा कवच पहनाता है।

मर्यादा का त्योहार है यह।
स्नेहिल सुंदर उपहार है यह।
रिश्तों की पक्की गांठ है यह
भाई और बहन का मान है यह।

आओ मिलजुल के मनाए इसे
घर आंगन खूब सजाएं इनसे
इनमे संस्कृति की शोभा है
जीवन की सुखकर सुरभि है।

आओ हम इनमें रच बस लें
आओ हम इस को पुष्ट करें
जीवन में धन्यता आयेगी
खुशियों की लहर भी आएगी।
इसकी मिठास को जानो तुम
मर्यादा की पहचानी तुम
तुम धन्य धन्य हो जाओगे
तुम धन्य धन्य हो जाओगे।

कच्चे धागे का प्यार

उषा श्रीवास वत्स

मनुहार है भाई-बहन का प्यार ,
भाई पर उसका है अधिकार ।
बहना ने कच्चा धागा बाँधा है,
यही जग में रिश्तों का है सार ।।

जुग जुग जिए भाई मेरा,
दिन रैन बहना करे गुहार ।
जीवन में कोई कमी ना रहे,
हर दिन लगे राखी का त्यौहार ।।

साल भर बाद आता त्यौहार,
राखी मिठाई खुशियाँ अपरंपार ।
श्रवण शुक्ल पक्ष पूर्णिमांत
भाई- बहना का यह त्यौहार ।।

रेशम का यह अनमोल धागा,
यह बहना का है विश्वास ।
तेरी कलाई पर सदा सुवाशित
होगा बहन का तुझे आभास ।।

राखी का मैं मोल न करुँगी
माँ से रिश्ते तेरे-मेरे अनमोल ।
कच्चे रेशम की डोरी है भैया
तू झूठे धन -दौलत से ना तोल ।।

एक माता पिता ने जन्म दिया है,

जन्म –जन्म का तेरा मेरा साथ ।
कभी भूल से भूला ना देना मुझको,
विनती करती हूँ जोड़कर दोनों हाथ ।।

रक्षाबंधन

रिश्तो में जो अनमोल और जो हैं, न्यारा

वो भाई-बहन का अटूट प्रेम हैं प्यारा

हैं, मजबूत रिश्तो की ये डोर

इसे कोई नहीं सकता है, तोड़

हैं, अद्भुत गोविंद और द्रौपदीजी जैसा,

संकट मे की एक-दूजे की रक्षा

सर्वोत्तम श्रीकृष्ण और बहन सुभद्रा जी जैसा है,

चट्टान-सा मजबूत यम और यमुनाजी जैसा

प्रपंच पुरित इस जग में है,

सुखद और पावन माँ गंगा जैसा

भाई की हंसी और बहन की दुआओं से

समृद्ध है, रिश्तो का ये जोड़

आस्था, अहसास, अपनत्व का अनूठा संगम है,

नही इसका कोई तोड़

भाई के उज्जवल ललाट पर शोंभे

बहना का मंगल टीका

पावन राखी पर्व का, नाता यह अनमोल

नेह बंधी इस डोर का, कोई मोल न तोल।।

किसको बांधे रक्षा धागा

किसको बांधे रक्षा धागा,
किसको कहे हम भाई।
किस पर विश्वास करें हम,
ये दुनिया तो है पराई।

जो जान बचाए सबकी,
जब वो ख़ुद ही बच ना पाई।
किससे गुहार करें हम,
ये दुनियां तो है हरजाई।

निर्लज्जों की भीड़ भरी है,
कांपती सी वो काया खड़ी है।
डर चुकी है, सहम चुकी है,
हर नारी यहां मन ही मन मर चुकी है।

क्या ही सपने सजाएं हम,
क्या ही करें पढाई।
दरंदिगी की सीमा पार हुई,
और बन गए हैं इंसान कसाई।

नोच लिया है बदन को मेरे,
चोट जहन में लगाई।
अगर मैंने आवाज उठाई तो,
मैं ख़ुद चरित्र हीन बन जाऊंगी।

क्या ज़रूरत थी ऐसा करने की,

अनामिका श्रीवास्तव

बस ये टोंट मैं सह न पाऊंगी।
इस डर से मैं खामोश रही,
उनकी घटिया बाते सुनी।

जानकर उसने मेरी कमजोरी,
मुझपर आंख गड़ाए रही।
मौका देखा और मारा पंजा,
मुझको दार दार किया।

नोच नोच कर खाया मुझको,
और मुझको लाचार किया।
और बची कूची जो जान थी मेरी,
उसको उसने मार दिया।

है इंसान नहीं, वो भेड़िया है,
इस बात का उसने प्रमाण दिया।

मेरी प्यारी बहना

ओ बहना हो ओ बहना,
तेरी खुशी में क्या कहना।
हर दिन सावन रक्षाबंधन,
मेरा है ये सबसे कहना।।

बसंत श्रीवास वसंत

ओ बहना हो ओ बहना....
भर के दामन खुशियां भरना,
जिंदगी खूबसूरत बनाते रहना ।
तेरी सम्मान ही मेरी पहचान हो
बस भगवान से मेरा है कहना।।

ओ बहना हो ओ बहना....
धूप दीप रख थाल सजाकर,
नित करती मेरी उम्र कामना।
बांध प्रीत के धागे प्रेम बंधन,
तू करती मेरे लिए ही वंदना।।

ओ बहना हो ओ बहना....
न देखे तू कभी करुण क्रंदन,
रहें मिलके सब भाई–बहना ।
पूर्ण जग में हो तेरी अभिनंदन,
सब भाइयों से है बस ये कहना।।

ओ बहना हो ओ बहना....
जा रही अब सावन का महीना,
इस राखी बोल तुझे क्या कहना

प्रेम धागे से मेरा कलाई सजाके
जुग-जुग जिये मेरी प्यारी बहना।
ओ बहना हो ओ बहना....

रक्षाबंधन

मैं अब तुझसे एक धागा बांधूँगी,
अपने बेदाग शब्दों से, प्यार के दर्द से भरे।

ये छोटा सा धागा हमारे दिलों को जोड़ेगा,
मोक्ष और विश्वास के अक्षरों से टपकता हुआ।

अच्छे दिन आएँ या रास्ते भटक जाएँ घावों से,
तू बदले, मैं बदलूँ, ये धागा नहीं मरेगा, नहीं मिटेगा।

हर पल जीवन का, इस धागे में सुरक्षा होगी,
हमारे हाथों का एक साथ प्रेम का समर्पण।"

सनल कक्काड

रेशम का धागा

– डॉ. संजीदा खानम 'शाहीन'

बहना का प्यार भाई का दुलार
आया देखो राखी का त्यौहार
भाई की कलाई बहना की राखी
देखो कैसी सुंदरता लिए इतराई

ये धागा नहीं राखी ये बहना का
प्यार है अटूट एक विश्वास है ।
भाई का आशीर्वाद नही ।
जिम्मेदारी है जज़्बात है

जो पूरी जिंदगी बहना की रक्षा
का जिम्मा लेता है बहन भाई
की आरती उतारती हुई भाई के
लिए बहुत दुआए करती है

कलाई पर राखी बांधकर
बहना भाई से उपहार पाती है
और मिठाई खिलाकर इस
क्रिया को पूरा करती है

भाई खुशी खुशी मिठाई खाता है
बहना सबको परिवार में मिठाई खिलाती है ।
घर में माहोल खुशहाली बरसाता है ।
राखी का त्यौहार हर्ष उल्लास लाता है

राखी का त्यौहार सुंदरता का उपहार है
बहिन ,भाई के प्यार की डोर को
रिश्ते को मजबूत बनाता है।

रक्षाबंधन

बालेश्वर राम चंद्रवंशी

बड़ा ही पावन है
माह सावन का,
सावन का पूर्णिमा
भाई बहन के प्रेम का जो करता बौछार है
सदैव रहे तत्पर हर भाई, बहन की रक्षा के लिए
यह रक्षाबंधन , भाई के संकल्प का त्योहार है।

यह बंधन है
प्रेम का बंधन, प्यार का बंधन
कच्चे धागे से जो बांधता है
भाई बहन का अटूट प्रेम!
झलकता जिससे सदैव सद्व्यवहार है।
यूं ही नहीं कहते हम
यह रक्षाबंधन एक पावन
त्यौहार है।

यह रंग बिरंगे, रेशम के धागे
महज धागा नहीं, संकल्प सूत्र है
बांधती है भाई के कलाई पे बहना
भाई की सलामती का रक्षा सूत्र है।

जिस भाई की बहन ना होती
ना होता जिसका भाई है
उन मुंह बोले भाई बहनों से पूछो
होता कितना अनमोल
भाई बहन का रिश्ता है।

कौन अपना कौन पराया?
भेद सभी मिट जाते हैं।
जहां उपजता निश्छल प्रेम है
वहां मानव तो क्या
पशु, पेड़ ,पक्षियों से
अटूट रिश्ते जुड़ जाते हैं।
तभी तो थाल में सजाकर
रोली, चंदन, घृत दीप जलाकर
कच्चे धागे से बांध उन्हें
वसुधा में प्रीत का संदेश फैलाते हैं।

हम भूल कैसे जाएं उन भाइयों को?
जिनकी कर्मठता से देश सुरक्षित हैं
एक राखी उन वीर सपूतों के नाम
जो सरहद पे डटे हुए हैं,
एक राखी उन शहीदों के नाम
जो हमारी रक्षा के लिए मर मिटे हैं।

हमारी संस्कृति, हमारी सभ्यता
विश्व बंधुत्व की मिसाल है
हमारे देश की बहनों का क्या कहना
भाइयों की कलाई पे राखी ही नहीं
हृदय से उमड़ता प्यार बांधा है,
रेशम के धागों से संसार बांधा है।

रक्षाबंधन - एक संज्ञा

सुदीप्ता बैनर्जी

यह है एक अनोखा अनुभूति
इसका कोई नाम हो
यह जरूरी तो नहीं,

यह है एक अनोखा अहसास
इसका कोई परिणाम हो
यह जरूरी तो नहीं,

यह है एक अनोखा अस्तित्व
इसका कोई रूप हो
यह जरूरी तो नहीं ,

यह है एक अनोखा कर्तव्य,
इसका कोई प्रतिरूप हो
यह जरूरी तो नहीं ।

नारी वहीं दूर ऊंचाई को छू लेते हैं,
फिर भी पुरुषों की पैरों तले
अभी भी उसकी सम्मान तरसते हैं
अभी भी रह गये है
वह एक प्रश्न चिन्ह बन कर
दूश्यासन एक नही
सिर्फ उसका रूप रह गये है
भिन्न-भिन्न बन कर
तब वही छोटी सी धंगा बचा लेते हैं मान
भगवान श्री कृष्ण को भी आना पड़ा
इस धरती पे भाई बन कर
जिसके हाथों में हमेशा एक बहन की
सम्मान समर्पित होते हैं ।
जिसके मन अग्नि के तपीस में

एक–एक अशुभ शक्ति
एक ही क्षण में ज्वल जाते है,
और हर सुबह के बाद आए
वह एक ही शाम हो
यह जरूरी तो नही,
यह है एक अनोखा बंधन
जिसमें एक अद्भुत शक्ति
उद्देश्य आधार में बसते हैं
 जो एक ज्वालामुखी रूप को
मातृ स्वरूपिणी रूप में बदलते है,
वे कर देती है क्षमा
जब न्याय –अन्याय से टकराते है,
है वह एक अनोखा विश्वास जो मृत्यु को
अमृतमय शांति का मार्ग दिखाते हैं।
कोई तोड़ ना भी चाहे यह अनोखे बंधन को
सामने न आने पाते हैं
यह है एक अटूट–अखंड रूप के आधार है
इसका कोई आंखों देखा प्रतिच्छवि की
अरमान हो यह जरूरी तो नही।।

राखी बंधन

मेरे पास बस राखी का बंध है,

जिसमें मेरे सारे सपने बंद है,

सुरक्षित हूं मैं और स्वतंत्र भी,

मेरे पास बड़ी बहन का संग है,

मेरे पास एक राखी का बंध हैं .

उंगली पड़कर चलना आदत है मेरी,

वही तो हिफाज़त है मेरी,

मेरे सपनों का आधार है,

मेरे जीवन का श्रृंगार है,

कंघी करती है गालों को पकड़ कर

खूब खिलाती बालों को पकड़ कर,

जब मैं दहलीज़ से टकराकर गिरा,

कितना रोई मुझे गोदी में उठाकर,

ऐसा लगा हमेशा उसका संग है,

मेरे पास राखी का बंध है।

एक दिन वह सजी, दुल्हन बनी,

मैं खुश था दीदी कितनी सुंदर लगी,

वह तो डोली में बैठी और निकल चली,

मां ने कहा जल्दी आएगी,

पता नहीं कितनी रातें रो-रो कर कटी,

जब वह आई लिपटी और रोने लगी,

मगर कुछ दिन बाद फिर जाने लगी,

मुझे भी कुछ-कुछ अक्ल आने लगी,

आज पता चला दीदी तो एक नारी है,

ब्याह कर जाना उसका धर्म है,

मेरे पास एक राखी का बंध है।।

सुकर्म 'सिसौली'